Göttinger/Göttinger

Bewusst ins Unbewusste

Dum spiro spero.
Solange ich atme, hoffe ich.

Göttinger/Göttinger

Bewusst ins Unbewusste

Das Unbewusste nutzen mit Hypnose,
Hypnotherapie und Selbsthypnose

Eine leicht verständliche Einführung mit Beispielen
in die vielfältige und faszinierende Welt der Hypnose,
der Hypnotherapie und der Selbsthypnose.

Herstellung und Verlag:
Books ond Demand GmbhH D-Norderstedt

Bewusst ins Unbewusste
Göttinger/Göttinger

Alle Rechte bei den Autoren

ISBN 3-8334-1450-2

Die Deutsche Bibliothek verzeichnet diese Publikation
in der Deutschen Nationalbilbliografie;
detaillierte bibliografische Daten sind im Internet über
http://dnb.ddb.de abrufbar.

Inhalt

„Man sieht nur mit dem Herzen gut,
das Wesentliche ist für die Augen unsichtbar."
Antoine de Saint Exupéry

Dank

Der besondere Dank gilt unseren befruchtend kritischen Söhnen Michael und Marc, die in all den Jahren sehr viel Verständnis und Interesse für unser berufliches Engagement aufgebracht haben.

Widmung

Diese kurze Information ist allen Interessenten, Neugierigen und auch Zweiflern (wie wir sie waren) zum Thema Hypnose, Selbsthypnose und Hypnotherapie gewidmet.

Eine spezielle Widmung und Dank gebührt unseren vielen interessanten Patienten, die uns ihr Vertrauen entgegengebracht haben und uns teilhaben ließen an ihren eigenen inneren Fantasiewelten, ihren persönlichen Selbsthypnoseerfahrungen und ihren wundersamen Veränderungen.

*Dein Unbewusstes ist kraftvoll wie die Berge,
strahlend wie die Sonne und tiefgründig wie das Wasser.*

Das Märchen von der größten Kraft der Welt

(Ein altes indisches Märchen)

Vor langer, langer Zeit berieten drei weise Götter, wo sie die wohl größte Kraft des Universums verstecken sollten, damit die Menschen diese Kraft nicht sofort finden und mit ihr Unheil anstiften können.

Der erste Gott meinte: „Verstecken wir die größte Kraft auf dem höchsten Berg."

Doch bald bekamen sie Bedenken, dass die Menschen den höchsten Berg sicherlich erklimmen würden, bevor sie reif wären, mit dieser Kraft umzugehen.

Der zweite Gott schlug vor: „Verstecken wir die Kraft in den tiefsten Tiefen des Ozeans."

Doch sie befürchteten, dass auch der tiefste Ozean nicht vor der Gier der Menschen sicher sei.

Nach einer langen Pause meinte der weiseste der drei Götter: „Lasst uns die größte Kraft des Universums im Menschen selbst verstecken. Denn da sucht er erst, wenn er weise und reif dazu ist, und dann ist auch die Zeit reif, damit er weise und achtsam mit dieser Kraft umgehen kann."

Und wie beraten, versteckten die Götter diese größte Kraft im Menschen selbst und zwar in seinem Unbewussten...

Ein sanfter Zugang zum Unbewussten

Wäre es nicht auch für Sie interessant, mehr über diese tiefe und zugleich höchste Kraft zu erfahren?

Ist es denkbar, dass Dinge in Ihnen schlummern, die Sie vielleicht erahnen, aber derer Sie sich nicht sicher sind?

Vielleicht tragen Sie Möglichkeiten und Fähigkeiten in sich, die nur darauf warten, von Ihnen entdeckt und genutzt zu werden?

Gibt es überhaupt Wissen, das nicht in der Schule und nicht an der Universität gelehrt wird? Wissen über Sie selber, tiefes Wissen, das nur Sie entfalten können?

Wie wäre es, wenn Sie sich selber besser kennen lernen würden und Ihr eigenes Verhalten besser verstehen könnten?

Interessant, so ein Wissen, das nur Sie entdecken und verstehen können, denn es ist Ihr eigenes inneres Wissen.

Wäre es denkbar, dass Sie über Ihre eigene innere Kraft Ziele finden könnten und lernen, die für Sie wichtigen und richtigen Ziele auch tatsächlich zu erreichen?

Könnten Sie sich vorstellen, wie schön es wäre, die Ursachen und Zusammenhänge für Leid und Schmerz zu verstehen und durch Ihre eigene Kraft Besserung herbeizuführen?

Wäre es denkbar, dass Sie durch den Zugang zu Ihrer eigenen inneren Kraft sich selber, Ihre Familie und Ihre Mitmenschen in einem anderen Licht sehen könnten?

Wäre es möglich, durch tiefes inneres Verständnis Ihr Leben (und somit auch Ihre Umwelt) aus eigener Kraft zum Positiven hin zu verändern?

Hypnose und Hypnotherapie bieten Ihnen einen einfachen und idealen Einstieg, um obige Fragen für sich selbst zu beantworten.

Durch Hypnose und Selbsthypnose können Sie das Tor zu Ihrem Unbewussten sanft öffnen, um Ihre eigene faszinierende innere Welt kennen und nutzen zu lernen.

*Die Zauberblume schläft wie ein Wunder
im Unbewussten und wartet nur darauf,
dass sie erblühen darf...*

Umwelt verändern?

Wir betreuten einen 17jährigen Gymnasiasten wegen Schulproblemen. Am Anfang der Behandlung war er sehr ablehnend und verschlossen.

Nach vier Sitzungen veränderte er sich recht positiv in seinem Verhalten und seiner persönlichen Ausstrahlung und wurde zugänglich und kooperativ.

Er meinte, dass er sich durch Hypnose gut entspannen könne, aber dass ihm die Hypnose ansonsten persönlich nicht viel bringen würde.

Eines Tages berichtete er überrascht, dass sich sein Lehrer nun „total verändert" hätte. Der Lehrer würde ihn endlich anders wahrnehmen und freundlicher behandeln.

Angetan von der „Veränderung des Lehrers" begann der Schüler, Interesse und Spaß an dem vormals verhassten Unterricht zu finden und seine Noten verbesserten sich...

∗∗∗

Verändern sich die Anderen, wenn ich mich verändere?

Unser Weg zur Hypnose

Bei der langjährigen medizinischen Behandlung unserer Patienten sind wir immer wieder an Grenzen gestoßen. Heilung und Besserung wurden oft von Hindernissen blockiert, deren Ursachen sowohl uns als auch fachärztlichen Spezialisten Rätsel aufgaben.

Leider landen solche Patienten ohne greifbare wissenschaftliche Diagnose oft als psychosomatisch Kranke in einer Schublade.

Bei der ambulanten und stationären Betreuung unserer Patienten und besonders auch bei der Begleitung Krebskranker und Sterbender konnten wir immer wieder Interessantes lernen. So konnten wir beobachten, wie Patienten durch eine überwiegend unbewusst vonstatten gehende Steuerung ihrer körperlichen und seelischen Zustände sowohl krankheitsfördernde als auch heilungsaktivierende Prozesse einleiten können.

Unser Interesse an ganzheitlichen Behandlungsansätzen wuchs. Schon vor 1980 begannen wir mit unserer Ausbildung in Akupunktur. Es folgten weitere Ausbildungen in Neuraltherapie, Therapeutischer Lokalanästhesie, Chi-Gong, Autogenem Training, Bewusstseinserweiterung und Silva Mind.

Vor achtzehn Jahren besuchten wir verschiedene Kurse von José Silva. Unsere damals fünf und acht Jahre alten Söhne begleiteten uns. Durch sie durften wir während ihrer persönlichen Entwicklung viel Erstaunliches und Wertvolles erfahren.

In den Kursen wurden Übungen zur Konzentrationssteigerung und Ich-Stärkung gemacht sowie weitere verwandte Themen aus der Hypnose und Selbsthypnose angewandt. Verblüffend ist, mit welcher Leichtigkeit und welchem Selbstverständnis Kinder mit diesen Themen umgehen und Veränderungen herbeiführen können.

Weitere Kurse zur Optimierung von Konzentrations- und Lernfähigkeit sowie dem Abbau von Prüfungsängsten folgten. All diese Techniken hatten gemeinsam, dass in einer Art Trancezustand auf verblüffend leichte und spielerische Art, entspannt und locker, alte festgefahrene Muster gelöst und Lernabläufe verändert werden konnten.

Es war an der Zeit, all die Erfahrungen auch in die tägliche Behandlung der Patienten zu integrieren. Die Ausbildungen in klinisch medizinischer Hypnose und Hypnotherapie boten dazu die idealen Voraussetzungen. Problemlösungen, die uns vormals als Skeptiker sehr unwahrscheinlich schienen, waren nun plötzlich so selbstverständlich, leicht und locker möglich, denn:

Jeder Mensch trägt die Lösung seiner Probleme wie ein Geschenk in seinem Unbewussten.

Durch Hypnose kann die Tür zum Unbewussten ganz sanft und einfach geöffnet werden. Hier wartet dieses Geschenk nur darauf, abgeholt und ausgepackt zu werden, um tiefe Erkenntnisse folgen zu lassen.

Vertrauen Sie Ihrem Unbewussten. Folgen Sie Ihren inneren Gefühlen und Ihrer inneren Stimme.

Eine wundersame Welt wartet darauf, von Ihnen entdeckt und genutzt zu werden.

„Die Lehrerin explodieren lassen."

Eine 81- jährige Dame meinte eines Tages:
„Hypnose mag gut sein, aber ich will nicht bewusstlos werden, vielleicht wache ich dann ja nicht mehr auf."

Eine interessierte Studentin befürchtete:
„Ich möchte aber nicht manipuliert werden und Dinge tun, von denen ich dann nichts mehr weiß."

Ein Junge mit Schulkonflikten fragte hoffnungsvoll:
„Kannst du durch Hypnose auch meine Lehrerin explodieren lassen?"

Genannte Erwartungen und Befürchtungen sind verständlich und spiegeln in der Tat die Unkenntnis vieler Menschen in Bezug auf Hypnose wieder.

Diese Aufzeichnungen sollen Ihnen helfen, Ihre Unsicherheit in Bezug auf Hypnose und Selbsthypnose abzubauen und Ihre Neugier für das faszinierende Gebiet Ihrer eigenen inneren Welt zu wecken.

„Das Glück Deines Lebens hängt von der Beschaffenheit Deiner Gedanken ab.“

Marc Aurel

Was ist Hypnose?

(Hypnos = Gott des Schlafes)*

Hypnose ist ein Zustand der tiefen Entspannung, der durch einen Therapeuten durch Suggestionen (= seelische Führung) eingeleitet wird.

Hypnose ist das Verfahren,
das in den Zustand der Trance führt.

Trance ist ein schlafähnlicher Zustand im Wachbewusstsein. Trance sind Momente innerer Träumerei, ein „In-Gedanken-versunken-Sein".

In Trance ist die Aufnahmebereitschaft für inneres Erleben und innere Bilder verstärkt. Unverwirklichte Möglichkeiten können erforscht, erkannt und weiterentwickelt werden.

All unsere Erfahrungen, Erlebnisse und somit auch Ursachen für Probleme tragen wir als Erinnerungen in Bildern in unserem Unbewussten. Der Zugang zu diesen Bildern und die Möglichkeit, das Unbewusste aktiv zu nutzen, ist bei vielen Menschen im Laufe ihres Lebens verschüttet worden.

Durch Hypnose kann das Tor zum Unbewussten geöffnet werden. Ursachen von Problemen können erkannt und diese dauerhaft, ohne Verdrängung, gelöst werden.

---

*Fachwörter sind im Anhang zusammengestellt und erläutert.

Hypnose und Wissenschaft

Es ist wissenschaftlich belegt, dass in Hypnose, in Trance, die Wahrnehmungs- und Reaktionsfähigkeit, die Hauttemperatur sowie die Atmung verändert sind.

EEG:

In Hypnose ist beim Ableiten der Gehirnströme (EEG) ein tief entspannter Zustand nachweisbar.

Hormone und Blutdruck:

Stresshormone nehmen unter Hypnose ebenso ab wie Blutdruck und Stoffwechselumsatz.
Es kommt zu einer ausgleichenden Selbstregulierung.

Immunsystem und Selbstheilungskräfte:

Neuroimmunologische Untersuchungen können belegen, dass durch Hypnose eine Stärkung des Immunsystems und eine Aktivierung der Selbstheilungskräfte erfolgen kann.

Obige Erkenntnisse und Aussagen werden durch eine Vielzahl wissenschaftlicher Arbeiten aus der Gehirnforschung, Psychiatrie und Neuroimmunologie untermauert.

„Ist das wirklich schon alles?"

Gelegentlich sind Patienten überrascht, wie einfach, problemlos und unspektakulär eine Hypnosesitzung abläuft.

„War das wirklich schon alles?",
„Ich war aber noch voll bei Bewusstsein, kann das überhaupt wirken?",
„Ich hätte die Hypnose jederzeit unterbrechen können, wenn ich dies gewollt hätte...".
Solche Einwände sind verständlich und zeugen von einer weit verbreiteten falschen Vorstellung von Hypnose und Hypnotherapie.

Was Hypnose nicht bewirkt:

Hypnose bewirkt weder einen bewusstlosen noch einen willenlosen Zustand.
Sie löst keinen Erinnerungs- oder Kontrollverlust aus.

Durch Hypnose ist es nicht möglich, dass jemand ungewollt Befehle ausführt oder dem Therapeuten willenlos hörig wird.

Durch Hypnose ist es möglich, dass

– sich ein tief entspannter Zustand einstellt.
– innere Bilder gesehen werden können.
– längst Vergessenes wieder erkannt werden kann.
– Erlebtes neu bewertet werden kann.
– der Standpunkt verändert werden kann.
– bisher Verdrängtes losgelassen werden kann.
– Probleme gelöst werden können.
– das Schmerzempfinden verändert werden kann.
– seelische Verletzungen geheilt werden können.
– neue sinnvolle Ziele gesetzt werden können.
– gesetzte Ziele erreicht werden können.
– Beziehungsprobleme gelöst werden können.
– die Konzentration gesteigert werden kann.
– Ängste verringert und losgelassen werden können.
– Selbstheilungskräfte aktiviert werden.
– Vertrauen in die eigenen Kräfte geweckt wird.
– Selbstsicherheit verstärkt wird.
– Freude intensiver erlebt werden kann.
– Liebe sich neu entfalten kann.
– die Eigenliebe gestärkt werden kann.
– Ursachen für Krankheiten u. Schmerz gefunden werden.

Wie läuft eine Hypnose-Sitzung ab

- Aufbau einer Vertrauensebene.
- Erklärung, was Hypnose ist, was Hypnose kann.
- Grenzen der Hypnose aufzeigen.
- Problem bzw. Wunsch des Patienten erörtern.
- Entspannungs- und Trancefähigkeit testen.
- Visualisierungsfähigkeit testen (in Bildern denken).
- Position klären (Liegen oder Sitzen).
- Störungen von außen minimieren.
- Hypnose durch ruhige Suggestionen einleiten.
- Aufmerksamkeit nach Innen richten
- Atmung vertiefen.
- Hypnose durch Visualisieren vertiefen.
- Aufsuchen eines inneren, ruhigen, sicheren Ortes.
- Türe zum Unbewussten sanft öffnen.
- Vertrauen in die inneren Fähigkeiten stärken.
- Unbewusstes nach Lösungen suchen lassen.
- Erkenntnisse ins Bewusstsein aufsteigen lassen.
- Lösungsmöglichkeiten auf Handlungsebene bringen.
- Aus der Hypnose zurückholen, ausleiten.
- Nachbesprechung.
- Eine Sitzung dauert ca. 40 bis 90 Minuten

Hypnose und Hypnotherapie

Erkennen – Verändern – Handeln.

Hypnotherapie ist der gezielte Einsatz von Hypnose, um therapeutische Prozesse bei Patienten in Gang zu setzen. Mit Hypnotherapie sind gängige Verfahren aus der Psychotherapie auf leichte Art über das Unbewusste anwendbar.

Hypnotherapie nutzt Prozesse, die im Inneren einer Person ablaufen, um eigene therapeutische Ziele auf individuelle Weise zu erreichen.

Durch Hypnose wird der Patient in Trance versetzt. Trance ist ein Freiraum, in welchem Individualität gedeihen kann. Trance ermöglicht es, aus gelernten Beschränkungen herauszuwachsen und innere Möglichkeiten zu realisieren.

Das Ziel der Hypnose ist, die unbewusste Ebene des Menschen zu stärken, zu aktivieren und gezielt zu nutzen.

Der Patient lernt seine eigenen Blockaden und Schwächen erkennen und verändern. Er lernt seine Stärken zu finden, um eigene Lösungen für Probleme zu entwickeln. Nach einer Zielhypnose werden die Lösungsmöglichkeiten auf die Handlungsebene gebracht, um die Veränderungen herbeizuführen.

Alte tiefsitzende Probleme können in entspanntem Zustand, von weiter Ferne, wie als Unbeteiligter, nochmals betrachtet werden, um sie dann für immer aus dem Unbewussten zu entlassen. Somit können alte Ängste und Phobien, seelische Verletzungen, tiefe Trauer und Schmerz verringert oder nach mehreren Sitzungen auch für immer losgelassen werden.

Das Unbewusste in uns nimmt Informationen schneller und gründlicher über alle Sinne wahr als das Bewusstsein. Eine endgültige Problemlösung ist somit über das Unbewusste sehr effektvoll und einfach.

Während der Hypnose arbeitet das Unbewusste wie ein „verdeckter Ermittler". Es arbeitet intensiver, zielgerichteter und erfolgreicher als das Bewusstsein. Das Unbewusste findet oft Informationen, die im Bewusstsein anfänglich noch keinen Sinn ergeben. Doch je ungestörter das Unbewusste in Trance weiter arbeiten kann, desto einfacher findet es alle Bruchstücke und kann sie wie ein Puzzle zu einer Lösung zusammenfügen. Somit kann es erst auf der unbewussten und dann auf der bewussten Ebene zu einer tiefen Erkenntnis kommen und in Folge dessen zu einer gewünschten, zielgerichteten Veränderung.

Es ist wichtig, das Selbstvertrauen des Patienten zu stärken. Ihm soll durch regelmäßiges Üben die Fähigkeit der Selbsthypnose, des autogenen Trainings, der Tiefenentspannung und der eigenen Problemlösung vermittelt werden.

Es kann wichtig sein, sich von Zeit zu Zeit wieder Anregungen von außen und Unterstützung seines Hypnotherapeuten zu holen.

Bei sehr guter Mitarbeit des Patienten können mit zwei bis vier Sitzungen schon frappierende Erkenntnisse und Veränderungen erreicht werden.

Je nach Tiefe und Schwierigkeit der Probleme sind zehn und mehr Hypnose-Sitzungen sinnvoll.

Hypnoseeinleitung

Es gibt verschiedene Methoden, eine Hypnose einzuleiten und den Patienten in Trance zu versetzen. Hypnose befreit das Unbewusste von der Dominanz des Bewusstseins.

Fixationsmethode:

Durch Fixieren eines Pendels, eines Fingers oder eines Punktes verschwindet das ursprüngliche Bild, die Konturen verschwimmen. Das Bild wird unscharf, die Augen ermüden, es kommt meist zu einem spontanen Augenschluss und der Patient kann tiefer in Trance gleiten.

Farbenkontrastmethode:

Das Fixieren von entsprechenden Farbkontrasttafeln kann ein Verschwinden der Konturen und Farbveränderungen bewirken. Dies führt zur Ermüdung der Augen und sie können entspannt geschlossen werden.

Verbalsuggestion:

Durch Suggestion (=seelische Beeinflussungen) eines tiefen, entspannten Zustandes und durch das gleichzeitige Schließen der Augen kann der Patient immer tiefer in Trance schweben, das Hier und Jetzt loslassen und sich tiefer in einen entspannten Zustand gleiten lassen.

Gewöhnungseffekt

Je öfter das Hineingleiten in Trance geübt wird, desto einfacher und schneller gelingt es, einen erneuten Trancezustand herbeizuführen.

Die Kreativität und das Zutrauen in die Hypnose und in die eigenen Fähigkeiten steigern sich von Mal zu Mal.

Das Vertrauen, im Zustand der Hypnose Zusammenhänge zu erkennen und Probleme zu lösen, steigert auch das Vertrauen in die Problembewältigung im bewussten Zustand.

Erinnerungen und Verankerungen bestimmter Vorstellungen können das Wiederholen der Trance oft wie auf Knopfdruck herbeiführen.

Ein Lächeln kann Traurigkeit erhellen
wie die Sonnenstrahlen Dunkelheit durchbrechen...

Erläuterung zu Begriffen der Hypnose

Trance: (Trance = ‚schlafähnlicher Zustand')

Trance ist ein tief entspannter Zustand, in dem sich das Unbewusste öffnet. In Trance bleiben das Bewusstsein und die Kritikfähigkeit erhalten.

Visualisieren: (visualize = ‚sichtbar machen')

Visualisieren bedeutet „in Bildern denken". Die Seele denkt in Bildern. Jeder Mensch kann visualisieren. Erinnerungen sind in Form von Bildern abgespeichert. Unsere Gedanken an die Vergangenheit und an die Zukunft laufen in Bildern vor unserem inneren Auge ab. Sorgen treten in Form von Bildern auf und werden mit Gefühlen gekoppelt. Positive Erwartungen existieren in Form von Bildern. Jeder Mensch visualisiert täglich mehrmals.

Jeder Mensch kann auch gezielt visualisieren. In Entspannung ist die Fähigkeit zu visualisieren größer. Bei der Hypnose werden durch Suggestionen gezielt innere Bilder hervorgezaubert, um dem Patienten einen sicheren, geschützten Rahmen bei angenehmen, wohltuenden Bildern zu ermöglichen.

Innere Bilder

> „Die Seele denkt nicht ohne Bild."
>
> *Aristoteles*

Unser Erlebtes wird in Bildern im Unbewussten abgespeichert. Hypnose eröffnet einen besonderen Weg, diese Bilder aus dem Unbewussten zu erkennen und sie mit neuen Gefühlen zu verbinden. Somit besteht die

Möglichkeit, Erlebnisse und Ereignisse, welche im Unbewussten abgespeichert sind, über die Veränderung der Gefühle entsprechend zu verändern und auch loszulassen.

Geistige Harmonie

In Trance verstärkt sich der Austausch zwischen rechter und linker Gehirnhälfte. Es entsteht geistige Harmonie.

Aus der Gehirnforschung ist bekannt, dass die linke Gehirnhälfte für das rationale, analytische und logische Denken, für die Sprache, das Lesen und das Schreiben zuständig ist. Die rechte Gehirnhälfte ist zuständig für die Kreativität, die bildhafte Darstellung, die Intuition, die Emotionen und für das räumliche Denken.

In der Schule und im Berufsleben sind wir meist gefordert, die linke, die logische, analytische Gehirnhälfte vermehrt einzusetzen. Durch unser herkömmliches Schulsystem wird die Entwicklung der rechten, der kreativen, der emotionalen Seite zurückgedrängt.

In Hypnose wird diese geistige Harmonie, die Verbindung und das Zusammenspiel der rechten und der linken Gehirnhälfte genutzt. In diesem Zustand kann die geistige Vorstellungskraft kreativer eingesetzt werden. Innere Bilder können leichter visualisiert und verändert werden. Durch wiederholtes Visualisieren wird die Kreativität gesteigert. Diese Kreativität kann gezielt dazu genutzt werden gewisse Umstände über die Vorstellung leicht zu verändern und positive Bilder spielerisch auszumalen.

Innere Bilder werden verwendet, um die innere Wirklichkeit besser zu verstehen, um alte Erlebnisse und Gefühle, psychische Verletzungen und Erinnerungen bildhaft darzustellen.

Das eröffnet die Möglichkeit, die vormals störenden inneren Bilder durch positiv abgeänderte zu ersetzen.

Je kreativer und spielerischer dabei vorgegangen wird, desto effektiver und langanhaltender ist das Ergebnis.

Katalepsie: (*Katalepsie* = griech. ,Muskelverkrampfung, Versteifung')

Es ist bekannt, dass durch Hypnose kataleptische Phänomene ausgelöst werden können. Als eindrucksvollstes Beispiel sei auf die „kataleptische Brücke" hingewiesen. Dieses aus der Showhypnose bekannte Phänomen zeigt eine Person, die nur mit Kopf und Füßen auf zwei Stühlen aufliegt und über längere Zeit in diesem Zustand verharren kann.

Wissenschaftler haben untersucht, dass ein solches Phänomen auch im Wachzustand möglich ist. Doch durch Hypnose wird das Vertrauen in diese Fähigkeit so verstärkt, dass die Körpersteifigkeit mühelos über längere Zeit aufrechterhalten werden kann.

Die Katalepsie kann in der Hypnotherapie für bestimmte therapeutische Effekte genutzt werden.

Das Erstaunen der Patienten über ihre eigenen kataleptischen Möglichkeiten ist meist groß und fördert das Vertrauen in die persönlichen Fähigkeiten und in die Hypnose.

Dissoziation (*dissoziare* = lat. ,vereinzeln, trennen')

Bei der Bewältigung tiefer psychischer Verletzungen ist es sinnvoll, den Patienten dissoziieren zu lassen. In der Hypnose kann die Suggestion gegeben werden, dass ein Teil des Patienten aus ihm herausschwebt und auf einer Wolke über ihm schwebt. Aus diesem Teil schwebt ein weiterer hinaus und aus diesem Teil nochmals ein Teil. Je nach Bedarf können Mehrfachdissoziationen genutzt werden. Interessanterweise ist die Problembetrachtung in dissoziiertem Zustand aus weiter Ferne gut möglich, ohne dass der Patient nochmals selber voll in das Problem eintauchen oder es gar erneut durchleben muss. Die Dissoziation kann auch sehr gut und mit frappierendem Erfolg bei Schmerzzuständen und bei chirurgischen und zahnärztlichen Eingriffen genutzt werden, um Betäubungs- und Schmerzmittel einzusparen.

Assoziation (*associare* = lat. ,vereinigen, verbinden')

Nach der Dissoziation wird eine Assoziation durchgeführt. Das heißt, die getrennten Teile werden wieder vereinigt, zusammengeführt. Es wird suggeriert, dass der dritte Teil wieder in den zweiten, dieser in den ersten Teil und alle gemeinsam wieder in die Person zurückkehren.

Ideomotorische Zeichen: (*ideomotorisch* = ,unbewusst ausgeführt')

In Hypnose einigt man sich anfänglich auf Zeichen, die eine unbewusste Kommunikation ermöglichen.

Bei den Fingerzeichen sucht man einen „Ja-Finger" und einen „Nein-Finger". Die Finger heben sich auf Fragen entsprechend leicht an.

Die Handlevitation (das unbewusste Anheben der Hand oder des ganzen Armes) kann ebenfalls als ideomotorisches Zeichen vereinbart werden. Eine weitere Möglichkeit bietet sich bei leicht angewinkelten Armen. Hier kann ein Arm leicht absinken, um so über das Unbewusste auf vereinbarte Art zu antworten.

Da das Bewusstsein in Hypnose ja nicht völlig ausgeschaltet ist, reagieren Patienten anfänglich mit Skepsis und gleichzeitiger Bewunderung auf ihre körperlichen Antworten.

Wenn keine ideomotorischen Zeichen feststellbar sind, kann man sich in Hypnose auch durch Kopfnicken oder Sprechen verständigen.

Regression: (*Regression* = ‚in der Zeit zurückgehen')

Durch Hypnose ist es leicht möglich, den Patienten auf sein Leben zurückschauen bzw. innerhalb seines Lebens zurückgehen zu lassen, um somit Dinge in der Vergangenheit entsprechend zu betrachten und alte Probleme zu lösen.

Progression: (*Progression* = ‚in der Zeit vorwärts schreiten')

Das Visualisieren von Zielen in der Zukunft ist durch Hypnose gut möglich.

Entsprechende Bilder können kreativ und mit Freude ausgemalt, mit tiefen inneren Gefühlen verbunden und das erfolgreiche Erreichen der Ziele visualisiert werden.

Wichtig ist die Verbindung mit dem Gefühl. „Das positive Denken" ist ein guter Ansatz, doch ist das positive Visualisieren in Zusammenhang mit einem tiefen positiven Gefühl noch viel intensiver und effektvoller, um Ziele auch tatsächlich erreichbar zu machen.

Psychokatharsis: (*Psychokatharsis* = ‚seelische Reinigung')

Durch Hypnose ist eine seelische Reinigung, ein Loslassen alter Probleme und ein Neubewerten entsprechender Situationen leicht möglich.

Ressourcenorientiert arbeiten: (*Ressourcen* = ‚Quellen, Grundlagen, eigene Stärken')

In Hypnose wird das ressourcenorientierte Arbeiten genutzt. Jeder Patient verfügt über individuelle Ressourcen.

Diese individuellen Fähigkeiten werden in einem persönlichen Gespräch vor der eigentlichen Hypnosesitzung aufgedeckt und kreativ und bildhaft in die Hypnose eingeflochten.

Das Nutzen der eigenen Ressourcen vertieft das Vertrauen in die Hypnose und in die eigenen Fähigkeiten, da hier auf bekanntem Terrain gearbeitet wird. Eine erfolgsorientierte Arbeitsweise ist die Folge.

Angst, Phobie: (*Phobie* = ‚irrationale Angst, Panik';
Phobus = ‚griechischer Gott, der beim Feind unbewusst
unsinnige und unbegründete Angst auslösen konnte'.)

Es handelt sich um Ängste, die rational weder logisch noch analytisch verstanden werden können. Es sind unsinnige und unbegründete Ängste. Diese Ängste wurden irgendwann im Unbewussten platziert. Durch erneute Konfrontation mit dem Auslöser wird der Schalter im Unbewussten sofort auf Angst und Panik gestellt.

In Trance ist es möglich, aus weiter Distanz die auslösende Situation dieser Ängste zu betrachten und die Einstellung zu verändern.

Verbreitete Phobien sind:

Zoophobie	=	Angst vor Tieren
Akrophobie	=	Angst vor Höhe
Arachnophobie	=	Angst vor Spinnen
Aquaphobie	=	Angst vor Wasser
Astraphobie	=	Angst vor Blitzen
Agoraphobie	=	Angst vor öffentlichen Plätzen
Klaustrophobie	=	Angst vor Enge

Sensibilisieren: (‚empfindlich machen')

Ein Ereignis in der Vergangenheit kann eine unbewusste Reaktion, Angst oder Panik auch noch Jahre später heraufbeschwören.

Beispiel: Ein Kind, das alleine zu Hause ist und erstmals ein Gewitter erlebt, verfällt in Angst und Panik. Die Angst vor dem Gewitter ist verbunden mit der Angst des Alleine-, Verlassen- und Ausgeliefertseins.

Durch das Ereignis in der Kindheit wurde diese Person auf „Gewitter" sensibilisiert.

Ein Gewitter, auch Jahre später im Erwachsenenalter, löst oft das unverständliche Gefühl der Angst aus. Das Gewitter stellt innerlich einen Schalter an: „Angst, Panik, Allein- und Verlassensein".

Diese Angst kann auf der bewussten Ebene meist nicht endgültig gelöst werden. Erst das Erkennen der Zusammenhänge auf der unbewussten Ebene kann eine zufriedenstellende Lösung herbeiführen.

Desensibilisieren: („unempfindlich machen')

Mittels Hypnose ist es möglich, eine Situation, in der man auf etwas sensibilisiert wurde, wieder aufzulösen, zu desensibilisieren.

Durch Hypnose kann der Auslöser einer Angst und die Zusammenhänge, die zu dieser Angst geführt haben, erkannt werden. Durch das Erkennen können Veränderungen vorgenommen werden.

In Hypnose ist es möglich, die Angstsituation in einzelne, nicht Angst machende Elemente zu zerlegen. So wird die Größe und die Schwere des auslösenden Problems verändert.

Die Veränderung ermöglicht es, Abstand vom damaligen Ereignis zu gewinnen, sodass es im Unbewussten leicht und für immer losgelassen werden kann.

Die Veränderung bewirkt auch eine neue Bewertung. Diese veränderte Bewertung wird ins Bewusstsein übertragen, so dass in Zukunft tatsächlich leicht mit der Situation umgegangen werden kann.

Schritte zur Desensibilisierung:

In Trance, sozusagen vom Standpunkt des Beobachters, aus weiter Ferne die Verbindung von Problem und Ursache suchen. Anstelle des Problems wird ein gutes, sicheres und angenehmes Gefühl platziert.

Die Situation wird nochmals aus der Distanz mit der neuen Bewertung und dem Sicherheitsgefühl betrachtet.

Dieser veränderte Zustand wird ins Bewusstsein gebracht.

Durch diese in Trance ausgeführten Schritte können Ursachen für irrationale Ängste aufgespürt, vermindert und aufgelöst werden.

Ein Wiederholen der einzelnen Schritte kann gelegentlich erforderlich und sinnvoll sein.

Durch die in Hypnose vorherrschende geistige Harmonie ist eine Problemlösung in Trance einfacher und das Unbewusste kann die Lösung entsprechend akzeptieren und sinnvoll abspeichern.

Autogenes Training

Das autogene Training wurde von dem deutschen Arzt Professor Dr. Schultz aus der Hypnose heraus entwickelt. Er suchte nach einer einfachen, gut verständlichen Möglichkeit der Selbsthypnose, die es dem Patienten erleichtert, durch eigene Suggestionen und Vorstellungskräfte die Fähigkeit der Entspannung zu üben, um so zu innerer Ruhe und Harmonie zu finden.

Hypnose und Meditation:

Meditation ist die religiöse Versenkung, die geistige Leere, um zu tiefer Ruhe und göttlicher Nähe und Einsicht zu gelangen.

Durch Hypnose kann ebenfalls tiefe Ruhe und innere Nähe gespürt werden. Im allgemeinen ist die Hypnose nicht auf die geistige Leere, sondern auf Ziele hin ausgerichtet.

Sowohl durch Hypnose als auch in Meditation können tiefe Einsichten in das eigene Lebensmuster sowie in die Lösung von Problemen gefunden werden, um so aus der tiefen Ruhe heraus Veränderungen herbeizuführen.

Wer ist hypnotisierbar?

Wer visualisieren kann, ist auch hypnotisierbar, vorausgesetzt, die Person will das auch.
Für neurotische und schizophrene Personen ist Hypnose nicht geeignet.

Es wird davon ausgegangen, dass über 80% der Menschen hypnotisierbar sind.
Einen Patienten gegen seinen Willen zu hypnotisieren, ist sinn- und zwecklos.
Kinder sind sehr leicht zu hypnotisieren.
Das gelegentliche Öffnen der Augen oder leichte Körperbewegungen stören den Ablauf der Hypnose nicht.

In der Pubertät kann die kritische Einstellung gegenüber Hypnose meist durch einige verblüffende Übungen entkräftet werden.
Die Aussicht auf den besseren Umgang mit den eigenen Problemen und die Möglichkeit der Beeinflussung der persönlichen psychischen und hormonellen Situation konnte schon so manchem Jugendlichen helfen.

Je größer der Leidensdruck und der Wunsch nach Veränderung ist, desto einfacher gestaltet sich die Hypnoseeinleitung.

Gefahr durch Hypnose:

Showhypnosen oder Bühnenhypnosen haben das Ziel, das Publikum auf Kosten des Hypnotisierten zu belustigen.
Das kann gefährlich werden, da sich der Hypnotisierte in einem sehr sensiblen Zustand befindet. Ein Zustand in dem der Zugang zum Unbewussten geöffnet ist.

Die Personen bei Showhypnose melden sich meist spontan und bezeugen somit ihre Neugierde und ihr gezieltes Einverständnis, vor Publikum hypnotisiert zu werden.

Da sich die Show-Hypnose überwiegend direktiver Befehle bedient, können psychische Verletzungen spontan oder auch später auftreten.
Meist nimmt sich der Showhypnotiseur nicht die Zeit, die Hypnose mit genügend Einfühlungsvermögen einzuleiten.
Das wichtige, beruhigende Ausleiten kommt zu Gunsten des Show-Effektes ebenfalls zu kurz.

Bei Showhypnotiseuren gibt es sicherlich fähige Leute, doch Problembehandlungen brauchen einen sicheren, geschützten Rahmen ohne Publikum, dafür mit fachlicher psychologischer und psychotherapeutischer Betreuung.

Jeder Mensch trägt die Lösung seiner Probleme
wie ein Geschenk im Unbewussten.
Das Geschenk wartet nur darauf, geöffnet zu werden.

Geschichte der Hypnose

Schon in der Antike wurde eine Art Hypnose, das Einleiten eines schlafähnlichen Bewusstseinszustandes, zur Behandlung von körperlichen und seelischen Problemen eingesetzt.

Auch im Mittelalter versuchte man, Depressionen durch bewusstseinsverändernde Zustände zu heilen.

Ebenso wurden Drogen wie Cannabis zu Hilfe genommen, um den tiefen Zustand der Entspannung herbeizuführen. Es war bekannt, dass die Beurteilung der eigenen Probleme in einem tiefen Entspannungszustand verändert werden kann.

Doch auch hier war das Ziel, den veränderten Bewusstseinszustand langfristig aus eigener Kraft zu erreichen, und weder von Medikamenten noch von Therapeuten abhängig zu werden.

In der neueren Zeit wurde die Hypnose von dem berühmten Arzt Dr. Messmer (1734-1815) zur Blüte gebracht. Er erkannte den engen Zusammenhang zwischen psychischen und physischen Störungen und begann Behandlungen in tiefer Entspannung, wobei er gleichzeitig die „Messmerischen Streichungen" ausführte, das Ausstreichen von „Blockaden". Die großen Erfolge, die er verzeichnete, weckten aber auch Neider, die ihn massiv bekämpften.

Der Begriff der Hypnose wurde von dem englischen Augenarzt James Braid um das Jahr 1843 geprägt. 1880 begann der französische Apotheker, Emil Coué, sich mit Hypnose zu beschäftigen. Er verzeichnete große Heilerfolge.

Sigmund Freud und C.G. Jung, die bekannten Psychiater, untersuchten die Wirkung von Hypnose und setzten sie unterstützend bei ihren Therapien ein.

Die deutschen Nachfolger von Bernheimer, aus der Schule von Nancy, wiesen auf die guten Möglichkeiten der Autohypnose hin. Aus dieser Selbsthypnose entwickelte der deutsche Psychiater Professor Dr. J. H. Schultz (1884-1970) das autogene Training.

Der amerikanische Psychiater Dr. Milton Erickson (1901-1980) befasste sich sehr intensiv mit Hypnose und veröffentlichte viele wissenschaftliche Studien über die Wirksamkeit von Hypnose. Erickson leitete auch für Europa eine Ära der „Neuen Hypnose" ein. Eine seiner wichtigsten Aussagen lautete:

„Das Unbewusste ist klüger als das Bewusste"

***

Der erfolgreiche Hypnotiseur Emil Coué gab seinen Patienten nach den Behandlungen zum regelmäßigen Üben folgenden Spruch mit:

„Es geht mir mit jedem Tag,
in jeder Hinsicht, immer besser und besser."

***

Mit Hypnose Probleme „abschälen"

Um an ein Kernproblem heranzukommen, kann es erforderlich sein, erst Probleme auf den äußeren „Schalen" zu lösen. Ähnlich wie beim Abschälen einer Zwiebel kommen immer weitere Schichten zum Vorschein.

In Hypnose ist es auch möglich das Grundproblem direkt zu erkennen. Somit können sich die äußeren Schalen von selber lösen, unwichtig werden und abfallen.

Die abgeschälten Schalen werden wertfrei aus der Distanz betrachtet, um sie für immer loszulassen. So ist es spielerisch möglich, alte Probleme zu lösen, eine Zwiebelhaut nach der anderen zu entfernen.

Durch Hypnose sind tief greifende Erkenntnisse und dauerhafte Veränderungen möglich.

Patienten berichten oft, dass es einem „wie Schuppen von den Augen fällt."
Eine Schicht nach der anderen löst sich wie von selbst, ohne Anstrengung und ohne nochmaliges Aufwühlen von belastenden Erlebnissen.
Einfach loslassen, sich befreien und wohlfühlen.

Matryoshka-Puppen

Im Laufe des Lebens haben wir unbewusst immer mehr Schichten um uns gelegt und übereinander gestülpt, vergleichbar mit den russischen Matryoshka-Puppen, in welchen eine Vielzahl weiterer Puppen stecken.

Durch Hypnose ist es leicht, sich bildhaft vorzustellen, wie man eine Puppe nach der anderen öffnet und sie alle vor sich hinstellt.

Diese einzelnen Puppen sehen ähnlich aus, aber irgendwie unterscheiden sie sich doch. Mit dem Wissen, dass wir unterschiedliche Schichten und unterschiedliche Puppen in uns haben, können wir nun für die unterschiedlichen Situationen die entsprechende Puppe in den Vordergrund stellen.

Es scheint, dass sich jede dieser Puppen irgendwann einmal im Leben entwickelt hat, um eine bestimmte Aufgabe zu erfüllen. Es ist möglich, dass im Laufe der Zeit nur noch die äußerste Puppe wahrgenommen wird und alle kleinen im Inneren vergessen wurden.

Durch Hypnose können alle Puppen wieder sichtbar gemacht werden. Es ist, als hätte man einen großen Schatz passender Puppen. Für jede Gelegenheit eine, wie ein Kleiderschrank voller unterschiedlicher Kleider.

Die Kunst besteht darin, für jede Situation immer die passende Puppe zu wählen.

Die Hypnose führt uns zu der Erkenntnis, dass wir eine Vielzahl an Möglichkeiten und Fähigkeiten in uns tragen. Dass es unsere eigene Entscheidung ist, welche Situationen wir mit welcher Einstellung, mit welchem Auftreten (mit welcher Puppe) bewältigen.

In Hektik und unter Belastung agiert man oft aus der falschen Puppe heraus. Durch das Erkennen dieser Zusammenhänge in Hypnose kann vieles verändert werden.

Alte, störende und unbrauchbare Puppen können einfach entfernt werden.
Alte, abgetragene und unbrauchbare Kleider werden aussortiert.
Es entsteht Raum und Offenheit für neue Erfahrungen und die Möglichkeit, die Dinge anzuziehen, die einem wichtig sind.

Selbsterfüllende Prophezeiung

Die Kraft der Vorstellung, die Kraft der Gedanken, die Kraft der inneren Bilder, verbunden mit Gefühlen, erschafft Wirklichkeit.

Die eigene Entscheidung, das zu erleben, was man will, ermöglicht es einem, das zu erfahren und zu bekommen, was man sich vorstellt.

Jeder von uns kennt solche Situationen der „selbsterfüllenden Prophezeiung". Angst- oder krankmachende Situationen, an die man sehr oft denkt, können sich in der Tat so ereignen.

Nehmen Sie das Ruder selbst in die Hand, stellen Sie sich die Dinge vor, die Sie erleben möchten:

> **– Sie sind der Künstler Ihres Lebens,**

> **– der Schreiber Ihres Drehbuches,**

> **– der Zauberer Ihres Glücks.**

Hypnose und Gefühle

Bekannt ist, dass Kinder viel intensiver fühlen und über eine verstärkte Vorstellungskraft verfügen. Kinder sehen vieles in Bildern. Intensives Spielen kann ein sehr entspannter Zustand sein, der einer Trance gleichkommt.

Innere Bilder entstehen durch gefühlte Erlebnisse und gefühlte Gedanken. Kinder haben die Fähigkeit, sich in alles einzufühlen und sich als das Vorgestellte zu fühlen.

Zum Beispiel, „Ich bin ein Vogel." Kinder fühlen sich im Spiel tatsächlich wie Vögel und können fliegen, ähnlich wie Erwachsene später in Träumen noch gelegentlich das Gefühl haben, dass sie fliegen können.

Alle Menschen sollten wieder lernen intensiver zu fühlen und in Bildern zu „denken". Gefühle, insbesondere auch sich selber gegenüber, sind eine wichtige Voraussetzung, um alte Probleme aufzulösen und loszulassen.

Durch Hypnose kann das Fühlen und die bedingungslose Liebe sehr leicht und intensiv erweckt werden. Die bedingungslose Liebe sich selber gegenüber ist die Basis der bedingungslosen Liebe anderer gegenüber.

Durch Hypnose kann diese bedingungslose Liebe, ohne Wenn und Aber, sehr behutsam ausgegraben und wieder aktiviert werden.

Diese höchste Form der Liebe, die durch Hypnose bewirkt werden kann, macht es möglich, sich selber so zu akzeptieren, wie man ist.

Aus dieser Akzeptanz heraus kann man erst auf der unbewussten und dann auch auf der bewussten Ebene liebevoll Veränderungen einleiten, zulassen und die Verantwortung für sein Leben und seine eigene Zukunft mit Freude übernehmen.

„Wenn ihr's nicht fühlt, ihr werdet's nicht erjagen."

Goethes Faust, I. Teil, Dr. Faust zu Wagner

Einsatzgebiete von Hypnose:

- psychosomatische Störungen
- psychische Verstimmungen
- leichte Depressionen
- Antriebsschwäche
- innere Unruhe
- chronische Müdigkeit
- Einschlafstörungen
- Durchschlafstörungen
- Konzentrationsstörungen
- Lernstörungen
- Schmerzbehandlung akut
- Schmerzbehandlung chronisch
- Stärkung des Immunsystems
- Begleitung bei Krebsleiden
- Anästhesie– und Operationsvorbereitung
- Phobien (Ängste)
- Höhenangst
- Schulangst
- Prüfungsangst
- Angst vor Veränderung
- Angst vor Autoritätspersonen
- Ängste am Arbeitsplatz
- Panikattacken
- Partnerschaftsprobleme
- Unterstützung bei Trennung, Scheidung
- Probleme bei Scheidungskindern
- Betreuung von Patienten mit Suchtproblemen
- Begleitung bei der Raucherentwöhnung
- Unterstützung bei der Gewichtsreduktion
- Bearbeiten von Alkoholproblemen
- Sterbebegleitung

... und um positive Affirmationen, positive hypnotische und posthypnotische Suggestionen zu erlernen.

...und um die Entscheidungsfähigkeit für sein Leben zu stärken.

...und um zu lernen, die eigenen Kräfte in die gewünschte Richtung zu lenken, damit die sinnvoll gesetzten Ziele erreicht werden.

...und auch ganz einfach, um sich selber etwas Gutes zu tun, zur Entspannung und zum Kraft tanken.

*„Wende Dein Gesicht der Sonne zu,
dann fallen die Schatten hinter Dich"
(Afrikanisches Sprichwort)*

Selbsthypnose

Nahezu alle vorhin genannten Erläuterungen zur Hypnose gelten auch für die Selbsthypnose.

Selbsthypnose kann täglich angewandt werden. Es ist möglich, sich selber passende Geschichten auszumalen und „auf Reisen" zu gehen. Der Einstieg in die eigene Fantasiewelt gelingt einfacher, wenn mit einem Therapeuten gezielt persönliche Geschichten erarbeitet werden.

Mittlerweile gibt es jedoch eine Vielzahl hilfreicher Tonträger, welche die Selbsthypnose auf angenehme Art spielerisch anleiten.

Es gibt allgemein gehaltene Hypnoseanleitungen zur Entspannung oder auch zielgerichtete Texte zur Selbsthypnose zu speziellen Themen. Beispielsweise Selbsthypnose zur Raucherentwöhnung, Gewichtsreduktion, Vermeidung von Ärger und vielem mehr.

Viele Hypnotherapeuten erstellen für ihre Patienten auf Wunsch persönliche Tonträger für die Übungen zu Hause und um den Hypnoseerfolg durch regelmäßige Selbsthypnose zu unterstützen. Bei solchen gezielt für den persönlichen Bedarf besprochenen Tonträgern können durch den Therapeuten die individuellen Lösungsmöglichkeiten für den Patienten angesprochen und aufgezeigt werden.

Die ersten Schritte bei Selbsthypnose konzentrieren sich auf eine einfache tiefe Entspannung. Diese kann sitzend oder liegend erfolgen. Es ist möglich, einen Punkt ganz starr zu fixieren oder noch einfacher, die Augen zu schließen, in eine tiefe Ruhe zu gleiten und sich seinen inneren Bildern zuzuwenden.

In diesem Zusammenhang kann es sinnvoll sein, seine noch im Kopf kreisenden Gedanken an Wolken, die am Himmel vorbeiziehen, abzugeben, sodass diese Gedanken einfach weiterziehen und die Aufmerksamkeit nicht mehr an den Gedanken festgehalten ist.

Das körperliche Loslassen gelingt meist sehr einfach, indem man sich auf eine langsamer werdende Atmung konzentriert. Jeder Atemzug wird anfangs bewusst wahrgenommen. Beim Ausatmen kann man einfach loslassen. Es ist sinnvoll, sich vorzustellen, wie sich der ganze Körper mehr und mehr entspannt. Dies kann in einzelne Schritte unterteilt werden, indem man sich zuerst auf einzelne Körperregionen konzentriert, welche sich mehr und mehr entspannen, bis sich der ganze Körper tief entspannt und ruhig fühlt.

In Gedanken kann nun ein angenehmer Ort aufgesucht werden, ein Platz, wo man sich einmal so ganz wohl und vollkommen sicher gefühlt hatte. Oft dauert es eine Weile, bis man so einen Ort gefunden hat, anfangs ändert sich dieser gelegentlich einige Male, doch bei den meisten Menschen stellt sich mit der Zeit ein inneres Bild eines sicheren Ortes der Erinnerung oder der Fantasie ein. Diesen Platz verbindet man mit einem tiefen Gefühl der Ruhe.

Dieser innere Zufluchtsort kann immer wieder aufgesucht werden, um von hier aus neue Reisen in die eigene innere Welt, in eine entspannende Fantasiewelt anzutreten. Vertrauen Sie Ihrer Fantasie und Ihrer Kreativität.

Doch lassen Sie sich am besten von folgender Geschichte entführen, um etwas mehr zu erfahren:

*Die wertvollste Fantasie steckt
in der eigenen inneren Welt...*

Ein kleiner Ausflug in die Fantasiewelt

(Beispiel einer Fantasiegeschichte zur Hypnoseeinleitung)

Das ruhige, sanfte, langsame Lesen oder noch besser Vorlesen lassen, verstärkt die Wirkung dieser Geschichte.

Machen Sie es sich ganz bequem und erlauben Sie sich, sich einen Moment auf sich selber zu besinnen.
Wer würde das nicht genießen, gelegentlich einfach Zeit zu haben, um zu träumen und auf Fantasiereise zu gehen?

Nachdem Sie ja nun wissen, wie intensiv Vorstellungen und Erlebtes auf Ihr Unbewusstes wirken können, wäre es da nicht schön, sich gerade jetzt mit positiven Gedanken zu umgeben und mit seinem Inneren vertraut zu machen?

Die Augen können geöffnet bleiben, aber warum sollte man sie nicht schließen, wenn man sich nun die Zeit gönnt zu entspannen und nach innen zu schauen.

In Ihnen schlummert ein Paradies, ein Kunstwerk an Bildern, das nur wartet, entdeckt und genutzt zu werden.
Also erlauben Sie sich, dass Ihr innerer Film vor Ihrem inneren Auge für Sie ablaufen darf. Es sind Ihre eigenen Bilder, es ist Ihr eigener Film.

Während Sie es sich nun bereits ganz bequem gemacht und die Augen geschlossen haben, ist es Zeit, tiefer und tiefer in die Entspannung zu gleiten.

Ihre Atmung wird ruhiger und ruhiger. Ihre Atemzüge werden tiefer und tiefer. Mit jedem Ausatmen lassen Sie noch etwas Ballast los, atmen ihn aus, geben ihn einfach ab.

Zeit und Ruhe, tiefe Ruhe zu entspannen und tief zu genießen. Sie genießen es, sich vorzustellen, an einem angenehmen Ort zu sein und alle Zeit zu haben, die

Sie sich wünschen, um tief zu genießen und zu einer angenehmen tiefen Ruhe zu gelangen.

Wie schön es ist, sich vorzustellen, dass Sie in warmes, angenehmes Wasser hineingleiten. Ein Wasser in einer für Sie passenden und angenehmen Temperatur. Es kann ein ruhiger See oder eine geschützte Bucht des Meeres sein. Ein Ort, wie immer Sie ihn sich vorstellen mögen. Ein Ort, der für Sie ein ganz besonderes Gefühl der Sicherheit, der Ruhe und der Entspannung ausstrahlt.

Sie genießen es, sich in diesem angenehmen Wasser mit der für Sie passenden Temperatur einfach treiben zu lassen. Sie hören das sanfte Plätschern der Wellen und riechen den erfrischenden Duft. Das Wasser hat gerade die Tiefe, wie Sie es sich wünschen. Vielleicht seichtes Wasser, damit Sie jederzeit stehen können oder tiefes Wasser, in welchem Sie in ungeahnte Tiefen abtauchen können.

Das Wasser hat eine Zauberqualität. In diesem Wasser können Sie so lange unter Wasser bleiben, wie Sie wollen. Es ist, als ob Sie in dem Wasser atmen könnten. Sie genießen es einfach, voller Vertrauen abtauchen zu können und Altes, Belastendes wegzuwaschen, loszulassen und sich frei, locker und leicht treiben zu lassen.

Während Sie nun auf dem Rücken liegend nahezu schwerelos an der Oberfläche dahingleiten, erblicken Sie weit über sich am Himmel einige strahlend leuchtende Möwen, die sich leicht und frei vom Wind treiben lassen.

Gerade in dem Moment, als Sie sich von den Möwen wieder abwenden wollen, spüren Sie, wie sich Ihr Blick tief mit dem Blick eines ganz besonderen Vogels trifft und vereint. Sie spüren eine besondere Berührtheit und eine tiefe Verbundenheit mit diesem Vogel. Er leuchtet nun in den allerschönsten, schillerndsten Farben und seine Schönheit, seine Leichtigkeit und sein Gesang verzaubern Sie immer mehr.

Es ist Ihr Zaubervogel. Der Zaubervogel Ihres Lebens. Sie haben ihn, und er hat Sie endlich gefunden, und Sie spüren diese tiefe, unbeschreibliche Freude und Vertrautheit.

Ihr Zaubervogel hat die große Fähigkeit, Ihr Leben aus weiter Ferne zu überblicken. Er kann nun über Ihr ganzes Leben hinwegschweben, um aus weiter Ferne all die goldenen, glücklichen Momente zu finden. Als ob ihm goldene Körner entgegenstrahlen, macht er sich auf, auf den Flug der tiefen Erkenntnis, auf den Flug über Ihr Leben.

Der Zaubervogel Ihres Lebens schwebt nun über Ihr Leben, weit zurück bis in Ihre Kindheit. Er schwebt hernieder auf ein ganz besonders glänzendes, schönes, strahlendes Korn, ein sehr erfreuliches, vielleicht schon längst vergessenes Ereignis in Ihrem Leben.

Der Zaubervogel genießt alles und nimmt das Glücksgefühl in seinem Schnabel auf dem Flug in die jetzige Zeit mit. Er schwebt über Ihnen, während Sie weiter tief entspannt in ihrem Wasser liegen, als ob Sie von unsichtbaren Händen getragen würden.

Der Vogel öffnet seinen Schnabel und es tropfen kleine, goldene Wasserperlen auf Sie herab. Bei jedem Tropfen spüren Sie, wie sich eine tiefe, starke Kraft in Ihnen ausbreitet. Mehr und mehr Tropfen benetzen Ihr Gesicht, Ihre Lippen, Ihre Zunge, Ihren ganzen Körper. Das Wasser um Sie herum verfärbt sich angenehm goldfarben von den vielen Glückstropfen Ihres Zaubervogels. Wie könnte es anders sein, als dass auch Sie sich mehr und mehr verzaubert fühlen.

Sie genießen dieses tiefe Glücksgefühl und diese vertraute Verbundenheit mit Ihrem Zaubervogel noch eine gewisse Zeit, gerade so lange, wie Sie sich dies wünschen.

Sie wissen innerlich, dass es in Ihrer Fähigkeit liegt, Ihr Glücksgefühl jeden Tag etwas mehr zu stärken und die Kraft Ihres Zaubervogels jederzeit zu Hilfe holen zu können, wann immer Sie dies wünschen. Je öfter Sie Kontakt mit Ihrem Zaubervogel aufnehmen, mit Ihren inneren Bildern und Ihrer inneren Weisheit, desto einfacher gelingt es Ihnen, sich erneut verzaubern zu lassen.

Es ist, als ob der Zaubervogel nur darauf wartet, für Sie Dinge zu erledigen und Sie mit Freude und Liebe zu stärken, Sorgen und Schmerzen wegzuwaschen, Probleme zu lösen und vieles mehr. Vertrauen Sie auf den Zaubervogel, auf sich und auf Ihre tiefen Gefühle und Kräfte.

Während Sie sich nun voller Vertrauen, gestärkt und vielleicht auch etwas verwundert, wieder ans Ufer treiben lassen, kann es sein, dass Sie etwas Neues in sich aufkeimen spüren.

Am Ufer angelangt tanzen Sie beschwingt und leicht und voller Freude, mit einer neuen Erkenntnis zurück in die jetzige Zeit... und Sie sind wieder hellwach und alles erscheint Ihnen ganz klar.

Vorstehende Geschichte kann durch Ihre eigene Fantasie sinnvoll verfeinert, ergänzt und ausgemalt werden.

Lassen Sie sich inspirieren auf Ihrer Reise in Ihr eigenes unbewusstes Reich.

Viel Freude beim Entwickeln persönlicher Fantasiegeschichten für Ihre eigene innere Arbeit und Ihre tiefe innere Erkenntnis und Erfahrung.

Der wertvollste Zauber liegt in Dir...

Dem Hypnotisierten gelingt es von Mal zu Mal leichter, Vertrauen in seine tiefen, inneren, wertvollen Kräfte zu gewinnen und den Zugang zum Unbewussten herzustellen.

Es können Strategien entwickelt werden, um über das Unbewusste Zusammenhänge und Ursachen von Problemen zu erkennen. Anschließend wird alles auf die Handlungsebene gebracht, um Problemlösungen ohne Widerstand einleiten zu können.

Erkenntnisse im Unbewussten
ermöglichen Veränderungen auf der Handlungsebene.

Einige Empfehlungen für die Selbsthypnose:

Bei Selbsthypnose ist es wichtig, immer auf der sicheren Seite zu bleiben und sich einige Sicherheitsregeln gut einzuprägen:

- Sollte etwas Unverständliches auftauchen, distanzieren Sie sich und fragen Sie interessiert, was das bedeuten könnte.

- Sie haben immer die Möglichkeit zu „zaubern", um sich jederzeit vollkommen sicher zu fühlen.

- Bedrohliche und Angst machende Situationen können Sie in Trance immer selber verändern. Auch in Trance haben Sie die Kontrollfunktion.

- Sie selber, ein Teil von Ihnen aus Ihrem Unbewussten, kann Bilder herbeizaubern und somit auch wieder wegzaubern.

- Im Zweifelsfall: Augen sofort öffnen und sich aktiv und gezielt auf etwas Positives konzentrieren.

Selbsthypnose sollten Sie anfangs nur zur Entspannung nutzen. Je sicherer Sie sich fühlen, desto leichter ist es, sich an kleinere Probleme heranzuwagen.

Verhaltensmuster kennen lernen:

Es ist leicht möglich, sich selber in tiefer Entspannung zu beobachten und seine Verhaltensmuster zu untersuchen. Wenn eine entsprechende Erkenntnis und gewisse Zusammenhänge gefunden werden, kann die Erfahrung auf die bewusste Ebene gebracht werden, um in Zukunft bewusster und selbstbestimmter zu reagieren.

Abstand gewinnen:

In belastenden Situationen schweben Sie einfach aus sich heraus. Beobachten Sie alles wertfrei wie aus weiter Ferne und bemerken Sie, welche Gefühle und warum diese in Ihnen aufsteigen. Dann schweben Sie wieder zurück und fühlen in sich hinein. Sie wiederholen dies mehrmals, bis Sie spüren, dass alles etwas leichter wird.

Je öfter Sie die Selbsthypnose üben, desto schneller und sicherer können Sie Ihr Gefühl in Bezug auf die Bedrohlichkeit einer Situation verändern und distanziert und überlegt handeln.

Selbstbewusstsein stärken:

Stärkung des Selbstbewusstseins ist durch Selbsthypnose eine leichte und erfreuliche Sache. Möglich ist dies durch allgemein gehaltene Übungen zur „Ich-Stärkung". Es ist in Selbsthypnose spielerisch einfach, sich vorzustellen wie man immer größer und größer wird. Man wächst in passender Proportion immer höher und höher. Mit der körperlichen Größe lässt man auch den Geist, die Seele und das eigene Herz wachsen. Es ist hilfreich, die Eigenliebe und Selbstakzeptanz zu stärken.

Selbsthypnose, um Ziele zu erreichen:

Durch die tiefe bildliche Vorstellungskraft in der Selbsthypnose ist es möglich, sich auszumalen, wie es wäre, wenn man ein bestimmtes Ziel bereits erreicht hätte. An diesem Ziel angekommen, wird das Gefühl intensiv genossen. Die Situation wird gefühlvoll, kreativ und bildlich in allen erfreulichen Varianten ausgemalt. Voller Sicherheit kann man dann auf den Weg zurückschauen und beobachten, welche unterschiedlichen Schritte man auf diesem Weg zum Ziel gegangen ist. Um sich so ganz leicht klar zu werden über den nächsten, sinnvollen Schritt, den man in der Realität auf sein Ziel zugehen will.

Ursachen für Ängste kennen lernen und verändern:

Wie aus weiter Ferne kann das eigene Leben betrachtet werden, um Angst machende Situationen zu beobachten und Zusammenhänge zu finden. Oft ist es erforderlich, weit zurückzuschauen, wann die Angst erstmals aufgetreten ist, um die tatsächliche Ursache zu finden. Somit kann meist aus entsprechender Distanz auf spielerische Art die Einstellung zu der Angst machenden Situation verändert werden.

Kontakt aufbauen zu den inneren Helfern:

Die meisten Menschen können sich vorstellen, dass man verschiedene Helfer in sich trägt. Durch Hypnose und Selbsthypnose ist der Kontakt zu diesen inneren Helfern sehr leicht, spielerisch und fantasievoll aufzubauen. So kann man sich einen inneren Weisheitsteil, einen Freund und Helfer, einen inneren Heiler und vieles mehr herbeizaubern. Diesen inneren Helfern kann man Fragen stellen und von ihnen Botschaften erhalten. Man kann sie bitten, einem bei Problemlösungen zu helfen und einem den richtigen Weg zu zeigen. Je öfter man diese Teile „besucht", desto leichter geben sie sich zu erkennen und man kann ihre Unterstützung fantasievoll und schnell nutzen.

Schmerzempfinden verändern:

Durch Betrachten des Schmerzes oder der schmerzverursachenden Situation aus Distanz kann das Schmerzempfinden verändert werden. Dabei nutzt man die Technik des Dissoziierens, des Aus-sich-Heraustretens.

Man stellt sich vor, dass ein Teil aus einem herausschwebt, aus diesem noch ein Teil und aus diesem noch ein Teil. Die Teile schweben über dem Körper, bildhaft zum Beispiel auf einer Wolke und beobachten aus weiter Ferne und vollkommen unbeteiligt, was in dem Körper vor sich geht.

Ein dissoziierter Teil kann beispielsweise Kontakt zum Heiler aufnehmen, um gemeinsam mit ihm Schmerz- und Zaubertropfen zu mischen oder mit einem Zauberstab die Schmerzen wegzuzaubern.

Ein weiterer dissoziierter Teil kann auf Fantasiereise gehen, um so für längere Zeit aus dem Schmerz hinauszutreten und die schmerzvolle Situation zu unterbrechen. Schmerzfreie Intervalle können durch fantasievolle Übungen sehr leicht immer mehr verlängert werden.

Bei kleineren chirurgischen oder zahnärztlichen Eingriffen kann der Schmerz durch das erfolgreiche Dissoziieren in Selbsthypnose erträglicher gemacht und das Schmerzempfinden herabgesetzt werden.

Ursachen von Schmerzen finden:

Meistens findet man über das Unbewusste den Entstehungsgrund und den weiteren Sinn für Schmerzen und Krankheit. In Trance kann versucht werden, auf einer fantasievollen Reise Zugang zum inneren Freund und Helfer und zum eigenen inneren Heiler zu finden.

Die inneren Helfer können in unterschiedlichen Formen erscheinen und man kann sie befragen über den Sinn des entsprechenden Schmerzes oder der Krankheit. Weiter kann man nach ihrer Botschaft fragen und was man zur Heilung selber beisteuern kann.

Es können die erstaunlichsten Erkenntnisse gefunden werden. Durch eine vertrauensvolle Integration oder Veränderung von krankmachenden Umständen konnte schon so mancher Schmerz verringert und verschiedene Krankheiten verändert oder sogar geheilt werden.

Das Vertrauen in die körpereigenen Selbstheilungskräfte setzt eine sinnvolle und gewinnbringende Wechselwirkung in Gang.

Man kann vertrauensvoll spüren, wie sich die innere Einstellung positiv auf das Schmerzempfinden und die Heilung auswirkt, was wiederum eine Verbesserung der psychischen Situation bewirkt und so fort...

Heilung des inneren Kindes:

Im Wesentlichen geht es darum, dass wir auch kindliche, oft verletzte, traurige oder enttäuschte Teile in uns tragen.

Diesen verletzten kindlichen Teilen tut es gut, wenn man sich um sie kümmert und ihnen das volle Vertrauen, die Kraft und die Liebe schenkt, die sie brauchen, um Altes zu vergessen, zu verwandeln und für immer loszulassen.

Eine schöne Übung ist es, sich vorzustellen, wie ein kleines Kind auf einen zuläuft. Voller Vertrauen streckt es seine Arme aus und möchte aufgefangen und ans Herz gedrückt werden. Es möchte die tiefe Liebe spüren, die es so dringend braucht.

In diesem Moment erkennen Sie sich selber in diesem Kind. Sie spüren eine tiefe Verbundenheit. Sie geben dem kleinen Kind alles, was es braucht: Liebe, Verständnis, Zuwendung und Zärtlichkeit. Sie selber spüren instinktiv, was es so dringend benötigt. Während Sie fühlen, wie das kleine Kind immer glücklicher wird, fühlen Sie sich selber ebenfalls immer besser.

Sie können das kleine Kind nun in Gedanken kleiner und kleiner werden lassen, so dass es in Ihrem eigenen Herzen Platz hat. Sie geben ihm diesen Platz, den es so dringend braucht und fühlen sich dabei glücklich und zufrieden und endlich vereint.

Manchmal kann es erforderlich sein, diese Situation mehrmals zu wiederholen. Bei jedem Mal fühlen Sie beide sich noch etwas leichter und besser. Entwickeln Sie eigene sinnvolle, für Sie passende Fantasiegeschichten. Geschichten, in denen Sie diesem Kind all das geben können, was es braucht.

Sie können sich vorstellen, wie Sie dem Kind den Rücken stärken, wie Sie ihm Sicherheit einflößen, wie sich ihre beiden Herzen mit einem farbigen Band verbinden, über welches unbegrenzte, bedingungslose Liebe hin und her fließt und Sie beide nährt.

Wer wüsste besser als Sie, was dieses Kind braucht?

Was könnte schöner sein, als dass gerade Sie diesem Kind all das geben dürfen, wonach es sich schon so lange sehnt?

Nutzen Sie Ihr ganze Fantasie, um in tiefer Trance alles fließen zu lassen und es wird sich etwas auf ganz sonderbare Weise für Sie verändern.

* * *

Die Dinge sind nie so, wie sie sind,
sie sind immer das, was man aus ihnen macht.
Jean Annoilh

Beispiele und Patientenberichte:

Einige Patientenberichte über Hypnose und Selbsthypnose mögen Ihnen eine kleine Hilfestellung sein und Ihre eigene Fantasie anregen, wo und wie Sie Selbsthypnose einsetzen können.

Über den Zugang zum eigenen Unbewussten können auch Sie Dinge aus neuen Perspektiven sehen und die Einstellung zu Problemen und Schmerz verändern.

*Keine fremde Geschichte ist so gut
wie die eigne Erfahrung.*

Hintergrund von Kopfschmerzen entdecken:

Wir wurden notfallmäßig zu einer 30-jährigen, psychisch unauffälligen Patientin mit massiven Kopfschmerzen und panischer Angst vor einem Gehirntumor gerufen.

Der Kopfschmerz entpuppte sich als Migräne, die mit Akupunktur gut zu behandeln war. Wir unterstützten die Akupunkturbehandlung mit entspannender Hypnose. Der Kopfschmerz löste sich, doch kam nun plötzlich ein linksseitiger Halsschmerz zum Vorschein, der vorher durch den Kopfschmerz überlagert wurde. Wir dehnten die Hypnose aus, um auf die Ursache dieser Schmerzsymptomatik zu stoßen.

Wir benutzten den inneren weisen Teil, Freund und Helfer. Die Patientin konnte sich alles sehr bildhaft vorstellen und fragte ihren inneren weisen Teil nach der Botschaft der Schmerzen. Erstaunt begann die Patientin in tiefer Trance zu erzählen, dass sie vollkommen überarbeitet sei und sich seit längerer Zeit keine Entspannung mehr gegönnt hätte. Sie fragte ihren inneren Freund und Helfer und bekam eine für sie passende Antwort, um die Situation zu verändern. Daraufhin strahlte die Patientin zufrieden. Sie hatte nicht nur ihr Problem und dessen Lösung erkannt, sondern gleichzeitig ihren Schmerz loslassen können.

Gynäkologischer Eingriff ohne Schmerzmittel

Eine 32-jährige Patientin berichtete, dass sie für einen kleineren gynäkologischen Eingriff vorab ein schmerzstillendes Mittel hätte einnehmen sollen. Nachdem die Ärztin erfahren hatte, dass die Patientin das Schmerzmittel nicht eingenommen hatte, wollte sie ihr eine Schmerzspritze geben. Die Patientin wünschte sich den Eingriff aber ausdrücklich ohne Spritze.

Die Patientin verschwieg, dass sie es mit Selbsthypnose versuchen wollte. Der Eingriff gestaltete sich für die Ärztin etwas schwieriger. Die Patientin war jedoch gedanklich und gefühlsmäßig sehr weit entfernt, auf einer wundersamen Zauberreise.

Die Ärztin war besorgt um den Zustand der Patientin, da diese nicht über Schmerzen klagte und kaum ansprechbar war.

Als der Eingriff vorüber war, beendete die Patientin die Selbsthypnose und stellte mit einem gewissen Stolz vergnügt fest, dass sie tatsächlich keine Schmerzen verspürt hatte.

Sie verabschiedete sich zufrieden und ließ eine etwas verdutzte Ärztin zurück.

Zahnarztbesuch mit Selbsthypnose:

Ein 28-jähriger Patient, der schon seit einigen Monaten erfolgreich Selbsthypnose anwandte, wollte anlässlich eines Zahnarztbesuches auf die Anästhesieinjektion verzichten.

Der Patient entspannte sich. Er konnte sich mittlerweile leicht vorstellen, wie Teile aus ihm hinausschweben können. Er schickte einen Teil einfach auf eine Fantasiereise. Ein weiterer Teil schwebte über dem Zahnarztstuhl und schaute eher desinteressiert zu, was da unten vor sich ging. Doch die eigentliche Aufmerksamkeit widmete der Patient seinem „Reise-Fantasieteil". Dieser machte in der Tat eine seiner schönsten und faszinierendsten Reisen, so dass der Patient diese am Ende der Zahnbehandlung gar nicht so schnell abbrechen wollte.

Der erstaunte Zahnarzt fragte den Patienten nach seinem Befinden und sagte ihm voller Bewunderung, dass er noch nie einen so unempfindlichen Patienten behandelt hätte.

Nachdem der Patient seinen Stolz auf die Selbsthypnose auch unter „Extrembedingungen" bekundet hatte, weihte er den Zahnarzt vergnügt und selbstsicher in sein Geheimnis ein.

Nach vielen Ehejahren die Liebe neu entdecken:

Ein älterer Herr, der seit einiger Zeit intensiv mit Hypnose und Selbsthypnose arbeitet, vertraute uns eine gar liebevoll berührende Geschichte an: Er ist seit vielen Jahren verheiratet. Die Kinder sind erwachsen und aus dem Hause. Die Ehe ist soweit glücklich, doch wie wohl in den meisten Fällen ist das Zusammenleben eher etwas zur Routine geworden.
Eines Tages versuchte der Herr, seine Frau mit einer liebevollen, selbstentwickelten Fantasiegeschichte zu verwöhnen. Die Frau war erst etwas erstaunt, doch nachdem sie beobachtet hatte, wie positiv sich ihr Mann veränderte, seit er Zugang zu Hypnose fand, ließ sie alles geschehen und begann diese für sie neue Art der Zuwendung zu genießen.
Es war, als ob sich zwischen beiden eine neue, sonderbar tiefe Art der Liebe und des Vertrauens zu entwickeln begann. Eine Liebe, die von der reinen Trance in liebevolle Berührungen und in ein tiefes, sinnliches Erlebnis führte. Seitdem nutzen sie diese Chance, um sich gegenseitig zu verwöhnen und ihre Liebe intensiver aufblühen zu lassen.
Nicht ohne Schmunzeln meinte der Herr: „Jetzt musste ich so alt werden, um zu erkennen, was alles in mir steckt...".

Wie eine 82-jährige Dame wieder Lebensmut fasste:

Seit einem halben Jahr betreuen wir eine 82-jährige Patientin mit Hypnose bei Krebserkrankung. Der Patientin wurde vor sechs Monaten in der Klinik von einem Arzt mitgeteilt, sie sei voll mit Metastasen und hätte nicht mehr lange zu leben, sie solle sich keine großen Hoffnungen mehr machen.
Verständlicherweise stürzte die Dame in tiefe Depressionen. Jeglicher Lebensmut und die Lebensfreude waren zerstört. Die Schmerzen wurden unerträglich und konnten nur noch mit höchsten Dosen Schmerzmittel und Morphium einigermaßen eingedämmt werden. Durch die massiven Medikamente wurde die Patientin zusehends verwirrter und abwesender. Sie klagte trotzdem weiter über extreme Schmerzen. Hinzu kam eine panische Angst

vor dem Sterben. Wir begannen mit kurzen Fantasiegeschichten und gingen immer mehr dazu über, dass die Patientin in Trance lernte, die Einstellung gegenüber ihrer Krankheit, den Schmerzen und ihrer Angst zu verändern. Die Patientin entwickelte plötzlich eine neue Lebenslust und Freude an den Hypnosesitzungen.

Während der Hypnose ging sie auf innere Reisen, konnte „Kontakt aufnehmen" mit ihren verstorbenen Eltern (ähnlich wie dies auch im Traum oder in einem Gebet möglich ist) und sie erinnerte sich vieler erfreulicher Kindheitserlebnisse. Das Lachen kehrte wieder in ihren Alltag zurück.

Sie fand auch Zugang zu der Tatsache, dass sie sich für den Tod ihrer Mutter schuldig fühlte. (Die Mutter verstarb damals kurz nachdem die Patientin sie in ein Pflegeheim gegeben hatte...).

Die Situation konnte in Hypnose nochmals überblickt und mit der Mutter „geklärt" werden. Das Schuldgefühl wurde aufgelöst. Seither kann die Patientin das Bild der Mutter ohne Schuld und mit einem guten Gewissen betrachten.

In Hypnose konnte die Patientin Kontrolle über ihre Schmerzen und über ihre Gefühle gewinnen. Sie fühlte sich plötzlich nicht mehr so ausgeliefert und hilflos. Sie lernte ihre Chemotherapietabletten umzubenennen von „Krebstabletten" in „Lebenspillen" und diese nun auch ohne Abscheu und ohne Widerwillen einzunehmen.

Von sich aus entschloss sich die Patientin, erst das Morphium und dann die Schmerztropfen zu reduzieren und nach einigen Wochen abzusetzen.

In Hypnose „braute" sie sich „Glücks- und Schmerztropfen" und benutzte einen Zauberstab, um ihre Schmerzen zu verringern. Sie entwickelte eigene „Kämpfer", die ihr Immunsystem verteidigen und sie beschützen.

In der Folge war die Patientin psychisch viel stabiler und fröhlicher, lachte und kam plötzlich wieder zu Fuß (fast einen Kilometer weit) in die Praxis. Die bereits angefertigten Sterbebilder hat sie in „Lebensbilder" umbenannt und begonnen, jeden Tag neue, faszinierende Hypnosegeschichten zu entwickeln. Auf ihren Wunsch hin werden die Fantasiegschichten in den Hypnosesitzungen von uns noch ausgeschmückt und weiterentwickelt. Mittlerweile ist eine beachtliche Sammlung von Spezialgeschichten entstanden.

Besonders beeindruckend ist eine Fantasiereise, welche die Patientin auf dem Rücken eines schneeweißen Pferdes mit dem „Auge Gottes" über ihr Leben und über die ganze Welt hinwegschweben lässt. Die ganze Zeit ist die Patientin umgeben von einem unbeschreiblichen Glanz und erfüllt von einem Glücksgefühl, von einer Freiheit und Leichtigkeit, die sie in vollen Zügen auskostet. Ihr Schimmel trägt sie in das Land der Heilung und in diesem Land der unbegrenzten Möglichkeiten beginnt sie mit Hilfe ihres Schimmels, ihre seelischen und körperlichen Wunden mit heilendem Wasser zu waschen, - wegzuwaschen.

In Trance ist der verstorbene Vater bei der Patientin und trägt sie durch das heilende Wasser zu einem Wasserfall mit besonderer Heilkraft. Sie spürt die tiefe Liebe ihres Vaters, der sie wie ein kleines Kind auf seinen starken Armen trägt und ihr von ganzem Herzen Heilung wünscht. Anschließend verabschiedet sie sich ohne Schmerz und ohne Trauer, sondern mit einer tiefen inneren Ruhe. Gestärkt und tief erfreut tritt sie auf dem Rücken ihres Schimmels mit dem „Auge Gottes" die Heimreise an.

Dank der fundierten schulmedizinischen Behandlung, in Kombination mit der neu gewonnenen inneren Einstellung, hat sich das Befinden der Patientin verbessert und die Metastasen haben sich zurückgebildet.

Bewundernswert ist, wie die Patientin durch ihre aktive Mitarbeit und tägliche Selbsthypnose gelernt hat, ihre Schmerzen aus eigener Kraft zu steuern und ihre Ängste zu verändern. Seitdem begegnet sie jedem Tag ihres neuen, selbstbestimmten Lebens mit etwas mehr Freude.

Das Wichtigste aber, was die Patientin tatsächlich geschafft hat, ist, über den Zugang zu ihrem eigenen Unbewussten und mit Hilfe ihrer tiefen inneren Fähigkeiten wieder Vertrauen und neuen Lebensmut zu gewinnen.

Dass Krankheiten verändert und Heilungsprozesse über den tiefen Glauben und die innere Kraft bewirkt werden können, ist bekannt. Durch Hypnose und Selbsthypnose kann dieses Vertrauen gestärkt werden.

„Dum spiro spero."
Solange ich atme, hoffe ich.

Abschließender Dank und Wünsche

Wir bedanken uns bei unseren Patienten, dass sie ihre Erfahrungen mit uns teilen. Wir wünschen all unseren Patienten und Interessenten für Hypnose- und Selbsthypnose, dass sie eine Vielzahl positiver Hypnoseerlebnisse erfahren können.

Der Schatz an innerem Reichtum ist unbegrenzt und wartet nur darauf, entdeckt und genutzt zu werden. Das Entwickeln von Fantasiegeschichten ist eine faszinierende und bereichernde Sache.

Viele unserer Patienten sind stolz, ihre eigenen Geschichten und inneren „Filme" zu entwerfen. Das Schreiben von „Drehbüchern für Fantasiefilme" wird mehr und mehr ergänzt durch das „Schreiben des eigenen Drehbuches", des Drehbuches des eigenen Lebens.

Wenn Sie Ihre Fantasiegeschichten und Erfahrungen mit Hypnose und Selbsthypnose mit uns teilen wollen, sind wir ebenso dankbar wie über Ihre Anregungen.

Viel Spaß in Ihrer eigenen inneren Welt!

„In der Jugend ist man glücklich,
weil man die Fähigkeit hat, das Schöne zu sehen.
Wer diese Fähigkeit bewahrt, wird niemals alt."
Franz Kafka

Definitionen

Hypnos:	Gott des Schlafes
Hypnose:	schlafähnlicher Bewusstseins-Zustand
Hypnotherapie:	zielgerichtete Psychotherapie in tief entspanntem Zustand, Erarbeiten von Problemlösungen mit Hilfe des Unbewussten
Selbsthypnose:	selbst durchgeführte, zielgerichtete Entspannungsübungen
Heterohypnose:	Fremdhypnose
Autohypnose:	Selbsthypnose
Trance:	tiefer Entspannungszustand
Suggestion:	seelische Beeinflussung, Einreden
Affirmation	Zustimmung, Bejahung
Katalepsie:	Muskelverkrampfung
Ideomotorisch:	unbewusst ausgeführt
Phobie:	unbegründete, unsinnige Angst
Visualisieren:	sichtbar machen
Psychokatharsis:	seelische Reinigung
Ressourcen:	Quellen, Grundlagen, eigene Stärken
Regression:	in der Zeit zurückgehen
Progression:	in der Zeit vorwärtsgehen
Dissoziieren:	vereinzeln, trennen

Literatur

- **Kaiser Rekkas Agnes**
    - Klinische Hypnose und Hypnotherapie
    - Die Fee, das Tier und der Freund
- **Milton Erickson, Rossi, Rossi**
    - Hypnose
    - Hypnotherapie
    - Hypnose erleben
- **Bongartz/Bongartz**
    - Hypnose
- **Revenstorf Dirk**
    - Hypnose lernen
- **Stephan Siegfried**
    - Hypnosetherapie in der Praxis
- **Lankton Carol H.**
    - Geschichten mit Zauberkraft
- **Ruegg Johann Caspar**
    - Psychosomatik, Psychotherapie und Gehirn
- **Gilligan Stephan G.**
    - Therapeutische Trance
- **Göttinger Ursula**
    - Das Spiegelbuch (eine Entspannungsgeschichte)

Hypnotherapeuten und Hypnosegesellschaften

Einige Hypnotherapeuten sowie Ausbilder und Autoren in Deutschland:

- Dr. Agnes Kaiser Rekkas, München
- Dr. Uwe Kutzner, Frankenthal
- Dr. Götz Renartz, Mainz
- Dr. Hans–Christian Kossak, Bochum
- Prof. Dr. W. Bongartz, Konstanz
- Dr. Dirk Revenstorf
- Dr. W. Göttinger / Ursula Göttinger, Neumarkt–St.Veit

Es gibt eine Vielzahl von europäischen Gesellschaften und Ausbildungszentren für Hypnose, welche wissenschaftlich fundierte und seriöse Ausbildungen anbieten.

- DGH Deutsche Gesellschaft für Hypnose
- Zentrum für angewandte Hypnose, Mainz
- MEG Milton–Erickson–Gesellschaft für klinische Hypnose
- DGÄHAT, Deutsche Gesellschaft für ärztliche Hypnose
  und autogenes Training.

„Schön ist alles, was man mit Liebe betrachtet.“
Christian Morgenstern

Über die Therapeuten und Autoren

Dr. med. Werner und Ursula Göttinger sind seit 26 Jahren verheiratet. Sie wohnen und arbeiten 80 Kilometer östlich von München in der ländlichen Kleinstadt Neumarkt-St.Veit.

Ursula Göttinger ist seit vielen Jahren naturheilkundlich in eigener Praxis tätig und besuchte eine Vielzahl fundierter Ausbildungen in Akupunktur, Psychotherapie, Bewusstseinserweiterung, Mentaltraining, Homöopathie, Phytotherapie, Bioresonanztherapie, Aurasomatherapie und klinisch medizinischer Hypnose und Hypnotherapie.

Dr. med. Werner Göttinger ist seit 1977 in eigener Praxis für Allgemeinmedizin, Sportmedizin und Naturheilverfahren niedergelassen. Fundierte berufsbegleitende Fortbildungen wurden in Akupunktur, Neuraltherapie, Bioresonanztherapie, Sauerstofftherapie, Hypnose und Hypnotherapie absolviert.

Der regelmäßige Gedankenaustausch mit ihren zwei Söhnen, beide Studenten der Humanmedizin im klinischen Abschnitt, garantiert eine aktuelle Sichtweise der Medizin.

„Besser ist es, ein Licht anzuzünden,
als auf die Dunkelheit zu schimpfen."
Chinesisches Sprichwort

Von der gleichen Autorin erschienen:

Ursula Göttinger
Das Spiegelbuch

„Eine kleine Reise zu sich selbst, auch für große Kinder, die das Suchen und das Staunen noch nicht verlernt haben."

ISBN 3-80811-125-3

Von der gleichen Autoren erscheint demnächst:

Göttinger/Göttinger
Zaubergeschichten

Berührende Patientenberichte, Zauber- und Metaphergeschichten und einfache Übungen für den spielerischen Zugang zum Unbewussten.

ISBN 3-8334-1748-X

„Wer sich einmal selbst gefunden hat,
kann nichts mehr auf dieser Welt verlieren."

Christian Morgenstern

Hypnosebehandlungen, Hypnoseausbildungen
Dr. med. Werner Göttinger, Allgemeinarzt, Naturheilverfahren
Ursula Göttinger, Heilpraktikerin, Psychotherapie, Hypnose
Peter–Hans–Strasse 10, D-84494 Neumarkt – Sankt Veit
Telefon (+49) 086 39 70 97 74 oder 70 97 70
E-Mail: nini@spiegelbuch.de

Dum spiro spero...